# DE L'ENSEIGNEMENT

DES

# LANGUES ANCIENNES

CONSIDÉRÉ

## COMME BASE DES ÉTUDES CLASSIQUES.

DISCOURS PRONONCÉ
A L'OUVERTURE DU COURS DE LITTÉRATURE FRANÇAISE
A LA FACULTÉ DES LETTRES DE LYON,
NOVEMBRE 1851;

PAR

## VICTOR DE LAPRADE.

LYON
IMPRIMERIE DE LÉON BOITEL
QUAI ST-ANTOINE 36

—

1852.

[illegible]

[illegible]

[illegible]

[illegible]

[illegible]

[illegible]

[illegible]

# DE L'ENSEIGNEMENT

DES

# LANGUES ANCIENNES

CONSIDÉRÉ

## COMME BASE DES ÉTUDES CLASSIQUES.

DISCOURS PRONONCÉ

A L'OUVERTURE DU COURS DE LITTÉRATURE FRANÇAISE

A LA FACULTÉ DES LETTRES DE LYON,

NOVEMBRE 1851 ;

PAR

VICTOR DE LAPRADE.

LYON

IMPRIMERIE DE LÉON BOITEL

QUAI ST-ANTOINE 36

—

1852.

EXTRAIT DE LA *REVUE DU LYONNAIS*,

NOUVELLE SÉRIE.

# DE L'ENSEIGNEMENT

DES

## LANGUES ANCIENNES

CONSIDÉRÉ

COMME BASE DES ÉTUDES CLASSIEUES.

---

La question de l'enseignement est encore aujourd'hui le terrain d'une ardente controverse. Les mesures législatives qui sont intervenues sur cette matière n'ont pas étouffé la querelle. Dans le nouveau régime fait à l'instruction publique, les hommes, dont l'esprit, resté libre durant les débats, ne se préoccupe que du bien des études et de l'éducation en elle-même, peuvent-ils du moins se réjouir de quelque réforme aux imperfections des systèmes d'enseignement communs à tous les partis ? Pas plus, ce nous semble, que dans la polémique qui a produit la loi nouvelle, ils n'ont pu s'éclairer sur les conditions véritables d'une bonne institution de la jeunesse.

On réclame de toutes parts, et souvent avec justice, contre l'ancien système d'études classiques et d'éducation commune ; et pas une des questions vitales que soulève l'institution de la jeunesse n'a été sérieusement traitée dans la polémique sur la liberté de l'enseignement.

Si opposés qu'ils soient dans leurs prétentions, si hostiles l'un à l'autre, quant au fond même de leurs doctrines, les adversaires qui se disputent le droit de former l'intelligence des jeunes générations restent d'accord et sur les méthodes d'instruction et même en définitive sur le système entier de la pédagogie. Tous les anciens vices de l'éducation scolaire ont été respectés. Bien des esprits cherchent vainement quelle peut être la différence si radicale entre le mode d'instruction et le régime d'un petit séminaire et ceux d'un lycée ; ils ont vu exister partout au même degré, tout ce que présente de déplorable la façon de traiter l'intelligence, le cœur et le corps des enfants, depuis la fondation des colléges.

Tous ces vices, qui concourent, pour leur part, à la décomposition de la société française, semblent être passés en force de chose jugée. La plupart s'accordent si bien avec le courant révolutionnaire qui nous emporte, que rien ne peut s'élever contre eux dans la société actuelle, si ce n'est la conscience des hommes qui ont réfléchi sur l'éducation, avec un esprit indépendant et sainement conservateur.

Entre les mille problèmes sur lesquels auraient voulu s'édifier ceux qui se préoccupent de la jeunesse avec désintéressement et simplement avec le cœur du citoyen, aucun n'a été abordé de ceux-là même qui se rattachent étroitement aux principes dont l'un ou l'autre des deux corps rivaux semblait le gardien le plus naturel.

Les adversaires de l'enseignement laïque ont-ils paru s'apercevoir que, malgré l'esprit religieux qui les anime, le même levain révolutionnaire et payen fermente sur les bancs qu'ils surveillent, excité par les mêmes auteurs, les mêmes pages, les mêmes commentaires traditionnels, répétés dans toutes les chaires de la vieille rhétorique ? Avec des doctrines littéraires exactement semblables dans les deux enseignements, l'esprit d'ironie s'empare de l'enfance faite pour l'admiration et le respect. C'est à la recherche complaisante du laid et du ridicule, à l'esprit de moquerie que sont dressées les jeunes âmes par l'éducation classique. Depuis les fables de Lafontaine jusqu'aux satires plus innocentes de Boileau, c'est la critique et le persiflage qu'on nous enseigne partout dans notre initiation à la littérature nationale. Il semble que le développement du goût ne se puisse obtenir que par la compression de l'enthousiasme. Satisfaits de nous transmettre quelques bannales admirations, nos maîtres d'humanités paraissent craindre de réveiller en nous le vrai sentiment du beau et l'amour passionné des grandes choses. Nous mettre en défiance contre tout ce qui porte le sceau d'une imagination hardie, d'une inspiration profonde, contre tout ce qui est franc, naturel, primesautier; remplacer en nous les vraies jouissances littéraires par la satisfaction mesquine et pédantesque de découvrir des taches dans la perfection même ; nous initier d'avance à l'art suprême d'étouffer la pensée d'une œuvre en faisant ressortir un mot mal sonnant, tel est le résultat de l'enseignement des lettres, comme il est pratiqué chez nous, quelle que soit sa bannière, philosophique ou religieuse. Sans oublier que le bon sens et la liberté du jugement sont les qualités les plus essentielles à cultiver dans l'intelligence du jeune homme ; peut-être, est-ce le plus grand devoir du maître de combattre avant tout la tendance trop naturelle de l'esprit français à la légéreté et à l'ironie, d'écarter pour cela du disciple les modèles trop fréquents du persiflage et de la satire, les maximes de l'égoïsme transformé en sagesse, pour nourrir le jeune homme de la substance plus généreuse que recèle la vraie poésie. ·

Aux dépositaires de la tradition religieuse, aux gardiens de ce haut spiritualisme, source vive de tous les arts, il eût appartenu de prendre l'initiative de quelques réformes, d'indiquer quelques voies nouvelles dans l'éducation esthétique de la jeunesse. Flagellé depuis si longtemps par l'ironie, au détriment des saintes vérités qu'il conserve sur la terre, ce corps auguste aurait pu peut-être, dans la lutte où il s'engageait, mieux comprendre que l'éducation actuelle dresse les âmes à l'ironie, et, le premier, remplacer dans ses écoles, une rhétorique surannée, par un enseignement littéraire plus vivifiant pour l'imagination et pour le cœur. Si la voie nouvelle est difficile à tracer, fallait-il voir du moins que, malgré le soin donné à l'instruction religieuse, la méthode littéraire que l'on conserve est en désaccord avec l'esprit religieux, et que le système d'éducation et d'études, également enraciné dans les deux camps, a pour conséquence naturelle de créer chaque jour de nouveaux fils à Voltaire.

Les intérêts d'un autre ordre que représente l'enseignement laïque ont-ils été du moins plus sainement appréciés? Ceux qui se préoccupent surtout des droits de la raison individuelle ont-ils élevé quelques réclamations contre tout ce qu'il y a dans notre système d'éducation commune, de propre à détruire l'énergie, la spontanéité, la vitalité de la personne humaine.

De nos jours, en même temps que les prétentions personnelles se déchaînent, nous voyons s'amoindrir tout ce qui tendrait à les justifier ; les caractères s'effacent, les passions mêmes se dégradent, en perdant ce qu'elles avaient de franc et de naturel. Tandis que la puissance collective de l'humanité s'exalte au sein des découvertes de la science moderne, il semble que les générations s'énervent et que le sang s'appauvrisse dans la plupart des races. Avec la vitalité physique, l'énergie morale décroît : l'homme perdra sa grandeur intellectuelle avec les derniers restes du sang héroïque.

Au sein des classes moyennes qui forment aujourd'hui l'élément important et conservateur de la société, le séjour des villes, les habitudes sédentaires et peut-être un manque de ressort originel rendent cet appauvrissement du sang plus prompt et plus facile que dans les anciennes races militaires et dans les populations agricoles. C'est surtout aux enfants de la bourgeoisie que s'applique l'éducation des colléges ; à travers cette classe, la société tout entière, qu'elle gouverne aujourd'hui, est appelée à subir le contrecoup des bienfaits ou des vices du régime des pensionnats. Or, l'hygiène qu'on impose au caractère et à la santé des enfants dans toutes ces institutions est identique, au fond, comme celle à laquelle on soumet leur intelligence. Partout c'est la même vie claustrale ; et la plupart du temps, au milieu de l'air empesté des villes ; c'est la privation presque absolue des exercices du corps les plus salutaires, un appel constant fait à l'action du cerveau et des forces nerveuses, aux dépens de cet équilibre vital qu'il importe de maintenir chez l'adolescent. Quel homme fait, et dans toute sa vigueur, supporterait, non seulement sans ennui, mais sans une révolte de son organisme, le nombre d'heures d'immobilité qu'on impose chaque jour à cet âge, à qui le mouvement et l'expansion sont aussi nécessaires que la nourriture et l'air respirable? c'est pendant une durée moyenne de neuf à onze heures par jour que l'on retient, enchaînés sur leurs bancs, ces forçats de la vieille pédagogie, ces pauvres jeunes êtres humains dont tous les membres frémissent du besoin de se mouvoir et pour qui sont faits surtout le grand air et le soleil. De ce manque d'exercice corporel, de cette surexcitation, nous ne disons pas de l'intelligence, mais du mécanisme intellectuel, quel effet peut résulter, si ce n'est l'affaiblissement de l'énergie vitale, et par suite celui du caractère, et une atteinte grave portée à la puissance morale de la personne.

Ce ne fut pas là le régime nourricier de ces fortes générations antérieures à la vulgarisation des études classiques qui ont amassé et qui nous ont légué ce capital de sang généreux qu'épuiseront si vite l'éducation et les habitudes modernes. Ce n'est pas ainsi qu'était comprise l'institution de la jeunesse dans cette race la plus saine, la plus belle, la plus intelligente, la mieux équilibrée de toutes les races, celle des auteurs de tous les merveilleux chefs-d'œuvre que la vie de collége nous force de haïr plutôt qu'elle ne nous enseigne à les admirer; cette race des Grecs où la culture de la santé et de la beauté corporelle était inséparable de celle de l'esprit, où le génie fut toujours ce qu'il doit être, une vigueur saine, un juste équilibre de toutes les puissances de l'homme, et non pas une fièvre qui ronge et qui flétrit; où les penseurs valaient sur le champ de bataille et dans la palestre les athlètes et les héros; où Sophocle se montrait des mieux faisant à la journée de Marathon, où Socrate, dans une retraite, portait Alcibiade blessé pendant plusieurs stades et avec toutes ses armes, où le noble Aristoclès devait son immortel surnom de Platon à la largeur de ses épaules et à sa vigueur dans les jeux du gymnase. L'enseignement classique qui renouvelle chaque jour tant d'idées des Romains et des Grecs, ne s'abstient de leur prendre qu'une chose : leur vraie sagesse.

Comment les rationalistes formés à l'école de la Renaissance et dans une réaction contre le mysthicisme et l'ascétisme du moyen-âge n'ont-ils pas reconnu et signalé cette vérité : que le collége, quel que soit son nom, séminaire ou lycée, est de forme et d'origine monacale. Ce sont des ordres religieux imbus, comme tout le monde au XVIe siècle, des préjugés classiques de la Renaissance, mais façonnés avant tout par les règles monastiques qui ont imaginé ainsi d'appliquer les lois, les mœurs et le régime du couvent, à ce qui doit le plus souffrir de la vie claustrale, à l'enfance. C'est ainsi que le cloître institué pour aider les âmes lasses du monde à faire l'apprentissage de la mort, est devenu le moule absurde et cruel où l'on enferme ceux qui auraient besoin de faire, dans toute la joie de leur âge, un vaillant apprentissage de la vie. Comprimer la vie, et même l'épuiser lentement, plier la volonté jusqu'à en rompre le ressort, établir la prédominance de l'esprit sur les organes physiques, jusqu'à leur atrophie, telle est la loi de l'ascétisme monacal.

Des journées entières données à l'étude, ou du moins à l'immobilité, en l'absence de toute éducation gymnastique, c'est, pour des enfants agglomérés dans quelque vieux cloître, dans l'obscurité et l'air lourd d'une ville, c'est un régime qui produit, à la longue, sur les individus et sur les races, ces effets destructeurs de la vitalité qui peuvent être la fin de l'ascétisme religieux, mais qui ne sont certes pas le but de l'éducation civile. L'enseignement officiel a-t-il même entrevu ce côté de la question ? Loin de là : s'il a de son côté la force des études ou plutôt le perfectionnement de ce mode de surexcitation mécanique de la mémoire qui remplace dans l'éducation d'aujourd'hui un salubre développement intellectuel, c'est peut-être dans les écoles rivales que l'on rencontre les meilleures conditions d'hygiène morale et physique, que les exercices du corps, que les jeux favorables à l'enfance sont le plus encouragés et que l'intelligence, moins surchargée de travail matériel, conserve le mieux ses qualités natives et sa spontanéité.

Toutes ces questions si graves qui auraient dû remplir une polémique sur l'enseignement, nous ne faisons que les indiquer ici pour déplorer qu'elles n'aient pas tenu la place des aigres et souvent déloyales récriminations qui ont été échangées. D'ailleurs, les divers points de cette controverse ne sont pas du ressort de notre chaire ; c'est dans une discussion qui est plus de notre domaine que nous voulons vous faire entrer aujourd'hui. Chargé du haut enseignement littéraire, nous avons le droit de défendre les belles-lettres, nourricières de toute jeunesse libérale, contre les attaques que leur livrent à la fois et l'orgueil des sciences exactes, et le matérialisme mercantile, et les grossiers instincts de la démagogie.

Ce n'est pas ici une stérile question de prééminence entre les sciences et les lettres. Il s'agit de savoir lesquelles sont les plus propres à devenir la substance qui doit vivifier la personne intellectuelle et morale dans la nature de l'enfant et du jeune homme.

Fières des conquêtes que leur doit l'industrie, et s'aidant de l'esprit d'un siècle, à la fois mercantile et révolutionnaire, les sciences exactes empiètent chaque jour sur les lettres, dans le domaine de l'éducation. Toutes les critiques adressées dans le monde et dans la presse au mode actuel d'enseignement partent au fond d'une partialité plus ou moins avouée pour les sciences et pour l'ordre matériel qu'elles sont appelées à servir. Nous venons de prouver que nous ne sommes pas aveugles pour les défauts de notre système d'éducation. Mais, sur ce point qu'il prend pour base de l'enseignement les belles-lettres, l'étude des langues, et en particulier celle des langues anciennes, il est dans le vrai ; et nous croyons toute la grandeur intellectuelle, toute la beauté morale d'une société intéressée à la conservation de ce système.

Peut-être, au premier abord, trouverez-vous un peu surannée une apologie des lettres, même à ce point de vue particulier et dans ce but pratique. Mais si les principes que nous émettons ne sont pas nouveaux, les utopies contraires ne sont pas non plus des nouveautés bien originales, c'est un vieux legs du XVIIIe siècle. Quand on ressuscite autour de nous de vieilles erreurs, essayons de rajeunir les antiques vérités.

Les glorieux effets du progrès des sciences naturelles et des sciences exactes éclatent de toutes parts dans la société moderne. Si l'homme semble avoir conquis la puissance de multiplier les heures et d'engendrer, pour ainsi dire, le temps, à force de rapidité, si l'abolition des distances établit un contact journalier, présage d'une intimité fraternelle entre des peuples jusque-là étrangers et hostiles, si la pensée se transmet au loin avec autant de vitesse que la lumière, si les métaux et les agents de la nature, asservis et façonnés en esclaves dociles et presque intelligents, nous affranchissent déjà d'une part de nos labeurs, si l'on peut entrevoir dans l'avenir une époque où la durée moyenne du travail matériel étant abrégée par le travail des machines, les hommes auront plus de temps à donner à la culture essentielle entre toutes, à celle de l'âme, ces magnifiques résultats de la civilisation moderne, c'est aux sciences que nous les devons. Qu'elles en soient fières et que la philosophie leur soit reconnaissante. Mais, à en juger par le langage, par toutes les habitudes intellectuelles de leurs adeptes, enfin par les prétentions mêmes qu'elles ont émises jusqu'à la tribune nationale dans cette question de l'enseignement, n'est-on pas fondé à reprocher aux sciences, vis-à-vis des lettres, un peu d'intolérance et d'orgueil? Constatons aussi qu'indépendamment de ce qu'elles puisent d'exclusivisme dans leur propre nature, les influences qui prédominent dans la société depuis un siècle, sont venues singulièrement aider leur tendance à dominer l'éducation et tout le monde intellectuel, comme elles régnaient déjà dans le monde des intérêts.

L'accession à la vie politique, des classes que la force des choses retient sous une préoccupation plus constante des besoins matériels; l'initiative que les révolutions ont donné à ces classes, l'accroissement du bien-être qu'elles ont trouvé pour un temps dans les progrès de l'industrie, toutes ces causes ont concouru à grandir l'importance des sciences dans l'opinion du siècle. Si les lettres et les arts correspondaient mieux aux goûts patriciens, les sciences telles qu'elles se sont produites dans le monde depuis un siècle, c'est-à-dire les sciences appliquées, ont servi d'uue manière plus frappante les intérêts populaires.

Les sciences se sont donc élevées sur le flot croissant de la démocratie; elles ont gagné dans l'estime publique et dans l'enseiguement tout le terrain qu'y gagnait la révolution; elles ont affecté pour les lettres le même dédain, la même ignorante ingratitude que la foule prodiguait aux puissances détrônées.

Elles ont oublié d'abord une chose, c'est que, dans l'histoire de l'esprit humain, l'étude du monde matériel est postérieure aux connaissances morales, c'est-à-dire que les sciences sont postérieures aux lettres, qu'elles ont été conçues dans le sein des lettres, qu'elles ont été long-temps portées et nourries par elles; qu'à l'époque, appelée un moment, la nuit du moyen-âge, leurs germes ont été couvés dans les flancs de la philosophie, de la théologie elle-même; qu'il n'y a eu des naturalistes, que par ce qu'il y a eu d'abord des poètes et des mystiques, et qu'enfin les vraies découvertes, les inventions vitales, la révélation des grands principes que la science actuelle ne fait qu'appliquer, datent, pour la plupart, de cette époque où les savants étaient des mystiques et des poètes.

Certes, nous ne voulons contester ni la noblesse de l'histoire naturelle et de la géométrie ni leur portée dans la science générale qui prend le nom de philosophie et qui a Dieu lui-même pour fin. Toute philosophie a besoin de la physique; mais à la condition de la tenir subordonnée comme les ressorts visibles de la création sont subordonnés à l'âme qui les dirige. Il serait insensé de discuter la grandeur des sciences en elles-mêmes; il ne peut être ici question que de leur valeur relative comme aliment de l'intelligence et en particulier comme moyen d'éducation.

Chacune de nos connaissances doit être jugée moins sur ce qu'elle nous enseigne de la nature des choses extérieures, toujours si obscures pour nos regards bornés, que sur l'accroissement apporté par elle dans notre aptitude générale à mieux sentir, à mieux juger, à mieux agir, en un mot sur la manière dont elle contribue en nous à l'édification de la personne intellectuelle et morale.

On ne contestera pas que la poésie, que l'histoire, que la morale, que la théologie ne parlent plus au cœur de l'homme que la géométrie et la physique. Notre conscience, notre imagination, notre volonté trouveront-elles à mieux s'éclairer, à se rendre plus pures par l'observation des faits matériels et des lois mécaniques de l'univers, que par l'étude de tout ce qui nous révèle le plus directement la nature et les besoins de l'âme? La supériorité morale des études littéraires n'est donc pas à discuter. Il serait tout aussi superflu de démontrer leur action sur l'imagination, sur le sens du beau, cette noble faculté, la source la plus vive de tous les enthousiasmes, de toutes les nobles passions. Quelle vérité formulée par le raisonnement a le don d'entraîner les hommes comme une vérité révélée sous la forme du beau? En comparant les sciences qui démontrent avec les arts qui nous présentent le beau, on peut dire que la beauté est la plus vraie de toutes les vérités. La beauté, comme s'exprime le divin Platon, a seule reçu en partage d'être à la fois la chose la plus manifeste comme la plus aimable.

Nous ne ferons pas ici un titre exclusif aux arts, à la poésie, d'éveiller dans l'âme le sentiment du beau et d'agrandir l'imagination ; nous n'avons pas l'injustice de méconnaître que les sciences, que l'astronomie, par exemple, et la géologie, que la géométrie elle-même sollicitent aussi les hautes pensées et l'enthousiasme ; à la condition, il est vrai, d'être autrement comprises, autrement enseignées, qu'elles ne le sont par ceux qui prétendent isoler l'explication de la nature de l'étude de nous-même et de la connaissance de Dieu.

Insister trop sur la part qui doit être faite à l'imagination et au cœur dans la vie de l'intelligence, c'est se rendre suspects à ceux qui pensent que la raison se fortifie de tout ce qu'on retranche à l'imagination. Prenons la question dans les mêmes termes que les ennemis de l'éducation littéraire : *Le but est avant tout de créer des hommes de sens*; nous le pensons comme eux. Les nobles facultés qui font les poètes, les artistes, les hommes d'enthousiasme se feront jour toutes seules ; elles sont si vivaces que l'enseignement lui-même si mal conçu qu'il soit, ne saurait les étouffer. C'est le droit sens, le sens commun, le sens pratique que l'éducation doit cultiver, et dont nous devons avant tout maintenir l'intégrité dans nous-même, quel que soit le genre de nos études.

Eh bien! c'est surtout en prenant ce but principal, unique, posé comme tel par les lettrés ainsi que par les savants, le but de créer des hommes de sens, que nous verrons éclater la supériorité des études littéraires.

Un savant illustre, le plus populaire de nos savants, plaidant la cause des sciences à la tribune de l'ancienne chambre, contre le plus grand de nos orateurs et de nos poètes, demande, à propos des objections faites contre la prépondérance des mathématiques dans l'éducation, comment, en habituant l'esprit à raisonner, on arriverait à fausser le jugement. On peut lui répondre que cela se fait précisément en habituant l'esprit à raisonner, comme on raisonne dans les sciences exactes.

Lorqu'on préconise les mathématiques, comme le modèle par excellence d'une méthode, pour apprendre à raisonner, sait-on bien à quelles conditions la logique de la géométrie est si rigoureuse, pourquoi ses démonstrations sont si évidentes ? Ces sciences qui se sont décorées du nom d'exactes, ne doivent cette exactitude qu'à l'absence de réalité des objets sur lesquels elles opèrent. Ces objets ne sont que de pures abstractions, des points de vue de notre esprit, des entités idéales, mais qui n'ont pas d'existence dans la nature. Toutes leurs propriétés sont rigoureusement déterminées à l'avance par la convention qui les nomme et les définit. Certainement la géométrie est exacte ; mais elle n'est pas réelle. Avez-vous rencontré quelque part le triangle abstrait et la ligne droite des géomètres ? où résident les nombres séparés des êtres réels dont les propriétés sont si multiples et si complexes, que la moindre est, sans contredit, celle de pouvoir être dénombrée ? Qu'est-ce qui fait enfin l'exactitude des mathématiques? C'est l'étroite simplicité des faits dont elles raisonnent ; leurs formules ne sont si précises et si rigoureuses, que parce que leur point de vue est borné.

Vous avez sous les yeux dix personnes, dix animaux mêmes ou dix plantes, et vous êtes théologien ou poète. Tandis que votre esprit est entraîné à travers les mille jugements divers que ce spectacle suggère au philosophe ou à l'artiste, moi, algébriste, je raisonne des propriétés du nombre dix. Dans une opération aussi simple, aussi pauvre, à côté du monde de pensées qui s'élève en vous, aurai-je grand sujet de me vanter si mes conclusions sont plus nettes, sont plus exactes que les vôtres.

Après cela, si l'évidence des résultats auxquels j'arrive dans la sphère retrécie des chiffres et des lignes m'inspire dans ma méthode et dans ma raison une telle confiance que j'imagine pouvoir les appliquer souverainement au monde immense des réalités vivantes, si je veux disserter des êtres qui sentent, qui pensent et qui veulent comme je raisonnais des unités abstraites, croyez-vous que j'en sois quitte pour des erreurs? Dans tous les jugements portés sur les caractères, les mœurs, les intérêts mêmes, d'après la logique des mathématiques, un enfant démèlerait les plus monstrueuses absurdités.

La sagesse pratique, l'art de juger sainement dans les choses usuelles, cette qualité d'homme de sens que l'éducation doit développer avant tout, suppose un esprit autrement souple, autrement habitué à tenir compte de mille nuances, de mille complications, de mille contradictions, que l'intelligence rigide des géomètres. Dans le domaine de la physique et de l'histoire naturelle, combien paraîtront peu nombreux et peu complexes les rapports sous lesquels on considère les objets, si l'on songe à la variété, à la complication que présentent les faits de la psychologie, de l'histoire, de la poésie, tout ce qui est le théâtre d'action de l'âme humaine, tout ce qui reflète le jeu des passions et de la liberté morale. Un homme formé dans l'étude des belles-lettres, nourri de poésie, de philosophie, d'histoire, constamment tenu en présence des images vivantes et non point du chiffre des choses, n'aura-t-il pas habité un monde plus réel, plus humain, plus pratique, ne sera-t-il pas plus près d'être un homme de sens, c'est-à-dire de connaître les affaires et les hommes, que celui qui n'aurait étudié que les stériles évolutions des lignes et des nombres? Le préjugé qui attribue aux hommes de science un sens plus droit qu'aux gens de lettres, ne serait pas difficile à ruiner complétement, si les tendances matérialistes de l'opinion ne lui venaient en aide. On prône les sciences, parce que chacun les croit à sa portée, tandis que tout le monde sent que l'imagination nous est donnée ou refusée, et qu'elle vient d'en haut.

Si donc il fallait répudier les lettres comme premières nourrices de l'intelligence, j'aimerais mieux, même au seul point de vue du bon sens à acquérir, du jugement à former, réduire l'éducation à l'étude de l'un des beaux-arts. Sans parler de toutes les autres facultés, la raison se formerait mieux en dessinant avec correction un arbre, une tête, une main, qu'en reproduisant sur le tableau tous les théorèmes de la géométrie. Une bouche ou un œil, copiés avec vérité d'après la nature, supposent, chez le peintre, plus de sagacité, de justesse d'observation, de liberté d'esprit, de jugement droit, de bon sens en un mot, qu'un professeur d'optique n'est obligé d'en dépenser dans tout le cours de ses études.

Interrogeons, d'ailleurs, notre expérience de tous les jours et ce que nous possédons chacun de connaissance du monde sur cette supériorité de jugement que s'attribuent les hommes nourris de sciences exactes. La géométrie et l'algèbre ont-ils défendu bien efficacement leurs adeptes des plus folles erreurs de notre siècle?

Le Saint-Simonisme et le Fourriérisme ont recruté un peu partout; mais qui leur a fourni leur état-major? est-ce la poésie ou la science? N'ont-ils pas enrôlé surtout dans une école célèbre qui se considère elle-même comme le sanctuaire des études exactes, et d'où il est sorti jusqu'à présent beaucoup d'agitateurs et d'utopistes, si elle a produit peu de grands savants.

Qui, de nos jours, n'a payé son tribut à l'utopie? qui n'a voyagé un peu de son cabinet, ou même de son comptoir, dans le pays des chimères politiques? Un artiste, un poète reviennent de ce pays-là, ne fût-ce que par amour du changement. Un savant y demeure; il est sûr de la méthode qui l'y a conduit; il est habitué à faire la preuve de toutes ses opérations. Faut-il donc redouter plus la versatilité littéraire que l'entêtement scientifique? Qui jugera entre la morgue et la vanité? A tout prendre, la vanité me divertit quelquefois; la morgue souvent me blesse, et toujours m'ennuie.

Dieu nous garde de toute irrévérence vis-à-vis des savants; mais il est trop vrai qu'en toute occasion, les sciences en agissent un peu vis-à-vis des lettres avec l'orgueil des parvenus. La poésie et les études littéraires, le grec, le latin, la métaphysique auront encore à essuyer plus d'une fois les dédains des géomètres, en même temps que les brutalités révolutionnaires. On les relègue dans les abîmes du passé comme la religion, la noblesse, l'autorité. Les bonnes lettres ont partagé, avec tout ce qu'il y a de grand, de solide et d'éternel, l'insigne honneur d'être déclarées mortes par la démagogie. Ne leur serait-il pas permis à elles aussi, comme il serait de tactique meilleure, de se défendre en devenant aggressives à leur tour?

Dans ces débats sur l'enseignement, les lettres portent avec elles l'intérêt moral de la société; sur tout autre terrain, elles peuvent céder la préséance avec courtoisie, mais il est de leur devoir de ne pas se désaisir des jeunes intelligences, dont l'expérience de tous les siècles et la nature même leur ont confié la culture.

Le but de l'instruction dans le premier âge, c'est, avant tout, de former l'âme; quand la personnne intellectuelle et morale existera, vous songerez à l'homme spécial. Ce n'est point par une fantaisie du langage que l'on a nommé libérale l'éducation littéraire classique. L'étude des bonnes lettres est seule capable de créer un esprit libre, c'est-à-dire un esprit qui possède la conscience et la domination de lui-même. C'est le plus souvent au point de vue de l'éducation professionnelle et spéciale que l'on propose de substituer, dans les maisons d'études, les sciences aux langues anciennes, à la philosophie, à l'histoire. Or, il est certain qu'avec l'enseignement professionnel commencé trop tôt et aux dépens de l'instruction générale ; au lieu de créer un homme, vous ne faites que forger un outil.

Les études littéraires s'adressent à l'âme tout entière ; il n'est pas un recoin de l'imagination, de la raison et du cœur où elles ne portent le flambeau. En nous faisant vivre de compagnie avec les hommes de tous les siècles, la poésie et l'histoire érigent en nous le type de l'homme idéal. Vers cet idéal, elles dirigent, en l'éclairant, notre volonté ; elles la vivifient par le puissant mobile de l'enthousiasme.

Si donc, l'homme est autre chose qu'une machine intelligente dont l'éducation doit monter le ressort pour une fonction déterminée, si l'homme est avant tout un être moral, la question entre l'éducation professionnelle et l'éducation littéraire est jugée. Elle est jugée aussi entre les lettres et les sciences, du moment où l'enfant est à vos yeux quelque chose de plus qu'un appareil logique à faire mouvoir, du moment où vous tenez compte de sa volonté et de son cœur.

Il y a trop de nécessités morales qui plaident la cause des belles-lettres, pour qu'on refuse entièrement les études littéraires à l'institution de la jeunesse. On admet les principes, mais on se réserve d'en ruiner l'application en sapant la base de l'enseignement classique, c'est-à-dire l'étude des langues, et, en particulier, celle des langues anciennes. A force de banales railleries adressées au grec et au latin, le préjugé commun contre les langues anciennes, parti du fond du matérialisme industriel et des instincts grossiers de la démagogie, a fini par s'imposer même à des gens raisonnables. L'enseignement d'une langue est trop évidemment le début nécessaire de toute instruction, mais pourquoi pas, s'écrie-t-on triomphalement, une langue vivante au lieu d'une langue morte ?

Une langue, c'est toute une philosophie. C'est d'abord toute une logique, et non point une logique étroite, spéciale, comme celle des sciences exactes, fausse par conséquent en dehors du monde auquel elle s'applique, c'est une logique vivante qui découle de faits réels et palpables, qui ressort de la nature elle-même. Une langue porte en elle son enseignement métaphysique ; enfin, elle renferme pardessus tout, avec le génie, avec le caractère de la race qui la parle, une tradition, une substance, une nourriture morale. Le premier mode de culture intellectuelle, le travail fécondant par excellence, c'est l'étude d'une langue. L'initiation suprême, celle de laquelle toutes les autres dépendent, c'est l'acquisition de la langue maternelle. Des conditons particulières de pureté, de noblesse, d'élégance, de profondeur avec lesquelles la langue maternelle a été enseignée, disons mieux, révélée à un enfant, dépend le niveau de son intelligence et même de son sens moral. L'homme destiné au ministère de la parole reçoit son style dès le berceau avec le langage de sa mère. Si inculte que soit ce langage au point de vue de la rhétorique, il porte l'empreinte d'une raison et d'un cœur, et il grave cette empreinte dans un autre cœur et dans une autre raison.

Les qualités de la langue d'un peuple et les qualités de l'intelligence nationale sont identiques. Félicitons-nous, Messieurs, d'avoir eu pour nourrice notre langue française, si surtout elle nous a été donnée avec les saines et vigoureuses traditions de ses jours de grandeur, et préservée de ce levain de bassesse qui tend aujourd'hui à la corrompre, en même temps que nos mœurs et notre génie national.

Il est des langues qui ne peuvent plus se corrompre, et qui, placées au-dessus des atteintes du changement des mœurs et des révolutions sociales, se conservent pour nous avec toute la pureté et tout l'éclat de la jeunesse dans les impérissables chefs-d'œuvre qu'elles ont produit. On appelle ces langues des langues mortes, mais leur véritable nom, comme l'a dit le grand poète qui plaidait leur cause à la tribune, est celui de langues immortelles. Elles vivent, en effet, depuis des siècles, de la plus noble des vies ; elles n'ont pas cessé un instant de parler à toutes les intelligences cultivées, à tous les grands esprits. Si l'on dispute de l'âge entre ces langues et nos idiômes usuels, ce sont elles qui ont, en réalité, la supériorité de la jeunesse. Elles ont gagné à l'extinction des races chez qui elles se développèrent, ce que l'âme gagne à sa délivrance du corps, elles vivent dans une région sereine, elles sont entrées en possession de l'éternité.

L'ignorance la plus complète des véritables conditions du développement intellectuel de l'enfance est au fond de toutes ces attaques contre le latin et le grec. Déguisée sous ce faux semblant de bon sens et de sagesse pratique qui s'impose si vîte à l'opinion, parce qu'on y croit entendre la voix même des intérêts matériels, cette erreur semble ne plus rencontrer de contradiction ; et nous voyons des hommes, lettrés pourtant, se demander pourquoi l'on ne remplace pas le latin et le grec par des langues vivantes.

Un parallèle entre les deux grands idiômes de l'antiquité et les principaux dialectes modernes, est une œuvre trop vaste pour être traitée ici sous forme incidente, elle demanderait d'ailleurs des connaissances plus profondes que les nôtres. Cependant, la supériorité des langues anciennes, au point de vue de l'éducation première, éclate d'une façon si évidente que nous n'aurons pas de peine à la faire ressortir, surtout devant un auditoire français. Les mêmes causes qui tendraient à faire de la langue française la langue universelle et classique de l'Europe, et à remplacer dans l'enseignement le grec et le latin, si ces deux langues périssaient, ces causes et d'autres encore militent en faveur des langues de l'antiquité.

Le français est clair, logique, raisonnable entre toutes les langues ; mais il est l'idiôme analytique d'une époque de maturité de l'esprit humain ; il n'a pas cette sonorité, cet éclat, et en même temps cette énergique concision des dialectes qui servirent à la poétique adolescence des peuples. L'ordre d'idées, d'images, de sentiments qu'il est le plus apte à rendre et qui remplissent nos chefs-d'œuvre littéraires, est moins jeune, moins simple, moins universel que l'ordre où se renferme la poésie antique. Les formes sont plus abstraites, les expressions moins pittoresques, et par là moins propres à se graver dans la mémoire ; en même temps la complexité des sentiments rend le fond plus difficile à saisir par de jeunes et fraîches imaginations. Tout ce qui provient du génie des anciens, langue, art, poésie, est plus spontané, plus naturel et, par là, plus universellement humain

que les œuvres modernes. La poésie allemande, la poésie es-
pagnole ont avant tout une valeur nationale. Le mérite supérieur de notre littérature est dans la généralité des sentiments qu'elle exprime. Ce mérite, la poésie antique nous le
présente à un degré encore plus éminent. C'est un aliment ap-
proprié à toutes les jeunes intelligences, comme le lait à tous les
nouveau-nés.

En même temps, ces œuvres du génie grec restent, par cela
même qu'elles sont plus naturelles, ce qui a été fait de plus
sain, de plus pur, de plus raisonnable, en un mot de plus beau,
dans toute l'histoire de l'art. A mesure que l'homme avance dans
la vie et les peuples dans l'histoire, tout se complique et devient
tourmenté, les sentiments, les physionomies et l'art qui les re-
produit. L'art antique pour modèle des types qu'il nous a trans-
mis, trouvait des formes corporelles et des caractères nettement
définis, composés de traits purs, symétriques et non pas de ces
figures qui abondent dans nos cités modernes, et dont la face
est un amas confus de ratures, selon la pittoresque expression
d'un penseur américain.

Si l'âme et la littérature moderne sont plus profondes, plus
sublimes, elles sont aussi plus tourmentées, moins harmonieuses.
L'antiquité plus simple, plus calme et plus sereine est aussi plus
belle. La Grèce représente excellemment cette courte époque de
l'histoire où les deux grandes conditions du beau se rencontrent :
c'est-à-dire où la civilisation a déjà produit un art libre, une
pensée indépendante qui commence à se posséder, à se raisonner elle-même, et où la nature est encore assez jeune, assez
primitive, assez puissante pour dominer l'art et l'inspirer avec
une simplicité souveraine. La littérature antique est belle de
cette merveilleuse et fugitive beauté du jeune homme qui porte
déjà sur sa face l'expression de la passion et de la pensée, et
qui garde encore pourtant cette fleur de grâce simple et sereine
qui est le propre d'une saine et robuste adolescence. « Cette littérature s'exprime simplement comme le font sans le savoir
les personnes d'un grand sens, avant que l'habitude de réfléchir
soit devenue l'habitude prédominante de l'esprit. Notre admira-

tion de l'antique n'est donc pas l'admiration du vieux, mais du naturel (1). »

C'est parce que l'intelligence de l'enfant doit, comme son corps, être nourri de tout ce qu'il y a de plus sain et de plus naturel, que nous préférons pour les premières études les langues et les littératures anciennes aux langues et aux littératures contemporaines.

L'enseignement d'une langue morte existe chez tous les peuples aussi avant que l'histoire nous permette de remonter. Jusque dans l'antique civilisation de l'Inde, nous trouvons une classe cultivée à l'aide d'une langue sacrée, antérieure au dialecte usuel et dépositaire des traditions. Mais ce n'est point seulement par la nécessité de ne pas rompre la chaine des traditions humaines, que nous devons maintenir l'étude des langues antiques, c'est avant tout à cause de la beauté, de la perfection de leur littérature.

Si l'instruction première est autre chose qu'un apprentissage professionnel, si son but est supérieur à celui de surexciter des vocations littéraires, ou autres ; si elle doit tendre avant tout, comme nous le pensons, à créer des hommes de bon sens, c'est au nom du sens le plus droit, de la raison la plus saine, que nous plaidons la cause des lettres antiques.

Nous nous sommes élevé à propos de l'éducation littéraire contre l'esprit d'ironie ; mais, si nous demandons qu'en dressant les jeunes intelligences, on leur apprenne surtout l'admiration du beau ; l'amour du beau lui-même, de ce juste équilibre en qui réside la perfection , nous fait détester l'aveuglement dans l'enthousiasme. Il faut mettre avant tout dans l'âme de l'enfant de l'harmonie , de sages proportions entre toutes les facultés et c'est là le don par excellence du génie ancien. L'ironie y tient peu de place à côté de la naïveté et de l'enthousiasme ; mais, l'enthousiasme, dans la poésie grecque, est avant tout celui de la raison. Si vigoureuse que soit son inspiration, cette inspiration se maitrise dans son énergie elle-même, comme tout ce qui est

(1) Ralph Emerson. *Essai de philosophie américaine.*

véritablement fort. Le fruit que les jeunes intelligences recueilleront des lettres antiques, est donc celui qu'on doit chercher à travers tout exercice de l'esprit et du cœur, à travers toute éducation, à savoir le sens de l'ordre et la domination de soi-même.

Soyons donc armés dorénavant contre toutes ces attaques dirigées sur les études classiques et à travers elles sur toute culture littéraire. Sous ces prétentions de remplacer les langues anciennes par un enseignement professionnel ou par celui des sciences combiné même avec l'étude des langues vivantes, ce n'est point le zèle des sciences qui se cache, ni même une meilleure entente des intérêts industriels. Ce n'est rien de plus qu'un des mille déguisements de l'esprit révolutionnaire, qu'un des épisodes de la guerre éternelle de tout ce qui est bas et médiocre contre tout ce qui est noble et élevé; c'est une concession faite à cet égalitarisme aveugle qui a posé en fait d'enseignement cet article de la charte socialiste: *une éducation la même pour tous, et obligatoire pour tous.* Or, comme il ne peut y avoir de commun à tous, en fait de savoir, que ce qui est possible au plus médiocre de tous, abolissons toute haute culture de l'esprit, établissons le niveau là seulement où il peut exister, c'est à dire dans la stupidité et dans l'ignorance.

D'un bord opposé, l'on récrimine souvent et avec justice contre les demi-lettrés. Trouvez le moyen de diminuer le nombre de ceux qui ont mal étudié le latin et le grec; n'imposez pas la nécessité de ces études mal faites à des professions qui n'en ont pas besoin. Mais si vous pouvez accroître la famille des esprits, sérieusement, sainement nourris des bonnes lettres, c'est à dire, des lettres antiques, vous aurez élevé le niveau intellectuel de la nation tout entière, vous aurez fait ce qui peut le plus contribuer à son influence, à sa véritable grandeur. En dépit des splendeurs de l'industrie, il faudra dans l'avenir, comme il le fallait dans le passé, pour être une grande nation, viser plus haut qu'à former une société de castors ou de fourmis. On déclare la grandeur militaire désormais impossible; plus les gloires de l'héroïsme s'effaceront et plus doivent resplendir celles des arts de la pensée.

Un peuple découronné de toute auréole littéraire passera sans nom parmi les peuples.

Mais ce n'est pas seulement à une question de grandeur que se lie le maintien des études littéraires dans une nombreuse portion de la jeunesse, c'est aussi à une question de conservation sociale. On cherche, dans la religion, dans les intérêts, une barrière contre la démagogie envahissante et la barbarie qui marche sur ses pas. Contre toutes ces folles utopies dont le moindre vice, si elles pouvaient se réaliser, serait d'enfanter un monde tout de grossièreté et de laideur, il existe aussi un préservatif en dehors même de la morale, dans le simple amour du beau. Soyez certains que nous n'exagérons rien en vous disant : tant qu'il y aura chez un peuple une notable quantité d'hommes nourris de belles-lettres, tant que les grandes voix de l'antiquité, tant qu'Homère, Sophocle, Platon, Virgile charmeront encore de nombreux esprits, tant que le jugement et le goût qui est une des faces du sens moral, se formeront à l'école de ces Grecs et de ces Latins que l'on déclare surannés, tant que l'on pourra juger encore la poésie, l'art, la philosophie moderne à la lueur d'Athènes et de Rome, la société française subsistera, et vous ne verrez pas s'établir sur nos ruines la ruche communiste ou l'étable phalanstérien.

Vous objecterez en vain l'action critique exercée par la littérature payenne sur le monde que nous avait legué le moyen-âge, vous citerez les parodies classiques de l'époque révolutionnaire, vous accuserez dans Platon lui-même un ancêtre du socialisme. Relisez sérieusement les anciens avant de maintenir ces accusations, étudiez sérieusement l'histoire, et vous verrez dans quel camp sont, en réalité, Platon le théocrate et l'aristocrate Brutus. Il est vrai que la littérature antique, en se réveillant, a combattu l'œuvre du moyen-âge : prétendrez-vous qu'il n'y avait rien à réformer ? Après les écarts du mysticisme et de la politique féodale, le génie grec a reparu au milieu de nous comme la raison se redressant au sein d'une imagination déréglée ; il est venu, comme elle, nous enseigner la mesure, l'équilibre, la proportion en toutes choses. Mieux nous le connaissons, mieux nous voyons combien il fut étranger, dans la politique et dans les arts, aux aberrations dont les plagiats modernes ont voulu le rendre complice ; car nous le trouvons toujours souverainement dominé par le bon sens, le goût, le sentiment de l'ordre et de l'harmonie.

Comme ce génie a été le recours de l'esprit humain et de la civilisation moderne contre les dérèglements du passé, il peut être encore notre défense contre les folies monstrueuses qui menacent l'avenir.

Nous donc qui rêvons pour notre pays une autre dignité que celle d'une ruche ou d'une fourmillière, nous qui voulons une société libre, morale, intelligente, grande par la pensée et par le cœur au moins autant que par la richesse, nous qui savons qu'une société n'est rien de tout cela sans un développement littéraire, résistons à cette avant-garde des barbares qui veut détruire avec les études classiques les fondements de toute grandeur littéraire.

Ayons le courage de ne pas rougir des Grecs et des Latins. Sans doute, notre admiration n'est refusée à aucune grande poésie moderne. Nous relirons avec enthousiasme Dante, Shakespeare, Goëthe, Biron, Châteaubriand, Lamartine. Nous tàcherons surtout par un culte assidu d'obtenir notre initiation à ce merveilleux langage que parlèrent Corneille, Molière et Racine, Bossuet, Pascal et Fénelon. Et lorsqu'au milieu des nobles jouissances que nous devons à leur génie il nous arrivera de nous sentir fier pour notre pays de cette immense gloire littéraire du XVII<sup>e</sup> siècle, allons dans quelqu'un des sanctuaire où se conservent les œuvres du ciseau grec, et saluons avec reconnaissance les bustes d'Homère et de Platon, de Cicéron et de Virgile.

www.ingramcontent.com/pod-product-compliance
Lightning Source LLC
LaVergne TN
LVHW012109030726
842523LV00002B/817